Impressum
Verlag: BABADADA GmbH, Nedderfeld 112 , 22529 Hamburg
Geschäftsführer / Verlagsleitung: Harald Hof
Druck: Books on Demand GmbH, In de Tarpen 42, 22848 Norderstedt

Imprint
Publisher: BABADADA GmbH, Nedderfeld 112 , 22529 Hamburg, Germany
Managing Director / Publishing direction: Harald Hof
Print: Books on Demand GmbH, In de Tarpen 42, 22848 Norderstedt

koulu

escuela

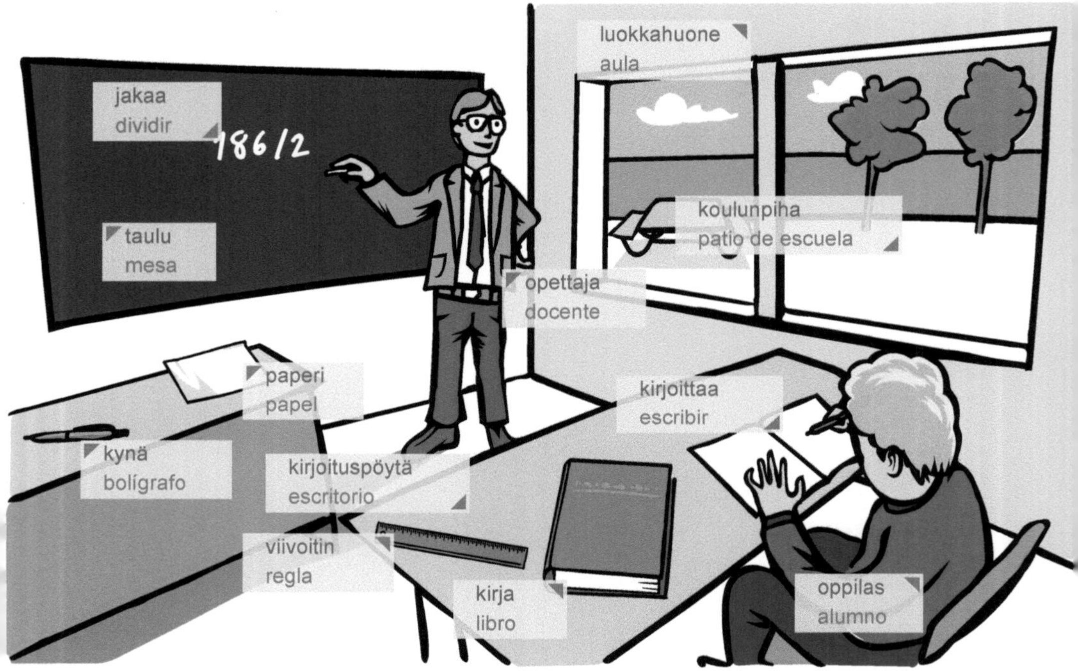

luokkahuone
aula
jakaa
dividir
186/2
taulu
mesa
koulunpiha
patio de escuela
opettaja
docente
paperi
papel
kirjoittaa
escribir
kynä
bolígrafo
kirjoituspöytä
escritorio
viivoitin
regla
kirja
libro
oppilas
alumno

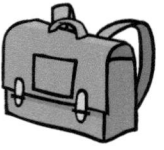

reppu

mochila escolar

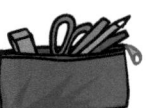

penaali

caja de lápices

lyijykynä

lápiz

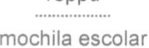

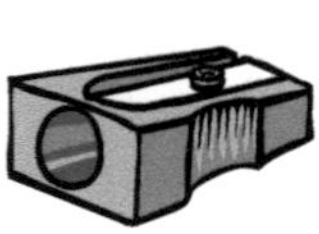

kynänteroitin

sacapuntas

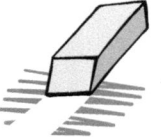

pyyhekumi

goma de borrar

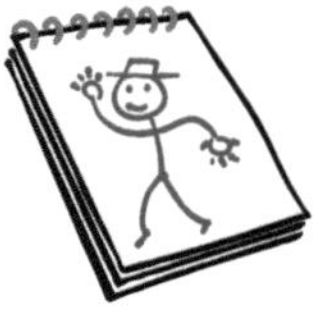

piirustuslehtiö

bloc de dibujo

piirustus

dibujo

pensseli

pincel

vesivärit

caja de pinturas

sakset

tijera

liima

pegamento

harjoituskirja

libro de ejercicios

kotitehtävä

tarea

12

luku

número

2+2

lisätä

sumar

5-2

vähentää

restar

2×2

kertoa

multiplicar

laskea

calcular

A

kirjain

letra

ABCDEFG
HIJKLMN
OPQRSTU
VWXYZ

aakkoset

alfabeto

sana

palabra

teksti

texto

lukea

leer

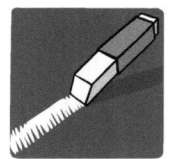

liitu

tiza

oppitunti

lección

opettajan muistikirja

libro de clase

koe

examen

todistus

certificado

koulupuku

uniforme escolar

koulutus

educación

sanakirja

enciclopedia

yliopisto

universidad

mikroskooppi

microscopio

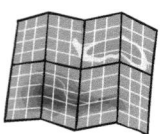

kartta

mapa

roskakori

cesto de papeles

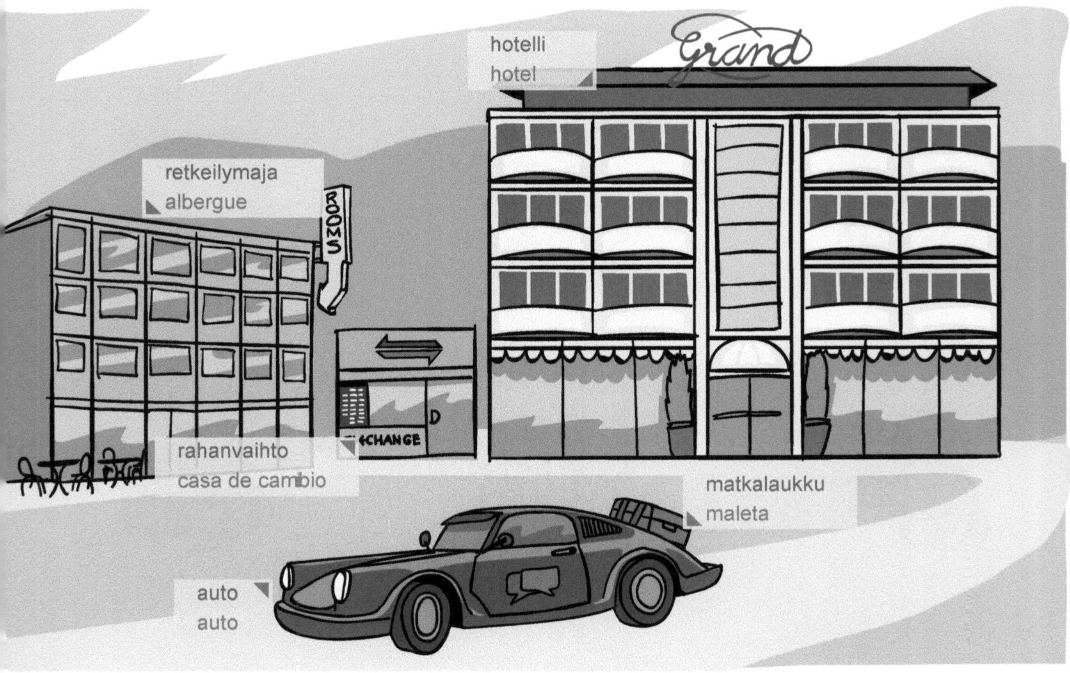
hotelli
hotel
Grand
retkeilymaja
albergue
ROOMS
rahanvaihto
casa de cambio
EXCHANGE
matkalaukku
maleta
auto
auto

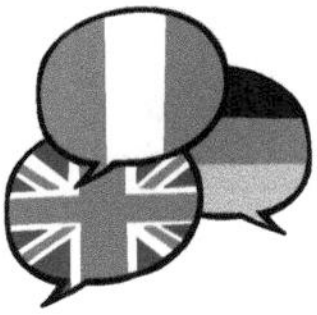

kieli

idioma

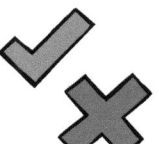

kyllä / ei

sí / no

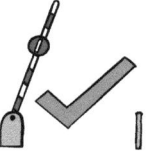

selvä

ok

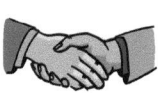

hei

hola

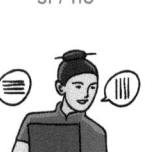

tulkki

intérprete

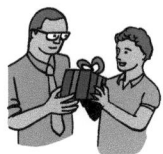

kiitos

gracias

Paljonko...maksaa?

¿Cuánto cuesta…?

en ymmärrä

No entiendo

ongelma

problema

Hyvää iltaa!

¡Buenas tardes!

Hyvää huomenta!

¡Buenos días!

Hyvää yötä!

¡Buenas noches!

näkemiin

adiós

suunta

dirección

matkatavarat

equipaje

laukku

bolso

reppu

mochila

vieras

invitado

huone

cuarto

makuupussi

saco de dormir

teltta

tienda de campaña

turisti-info

información al turista

ranta

playa

luottokortti

tarjeta de crédito

aamupala

desayuno

lounas

almuerzo

päivällinen

cena

matkalippu

pasaje

hissi

ascensor

postimerkki

sello

raja

límite

tulli

aduana

suurlähetystö

embajada

viisumi

visa

passi

pasaporte

kuljetus
transporte

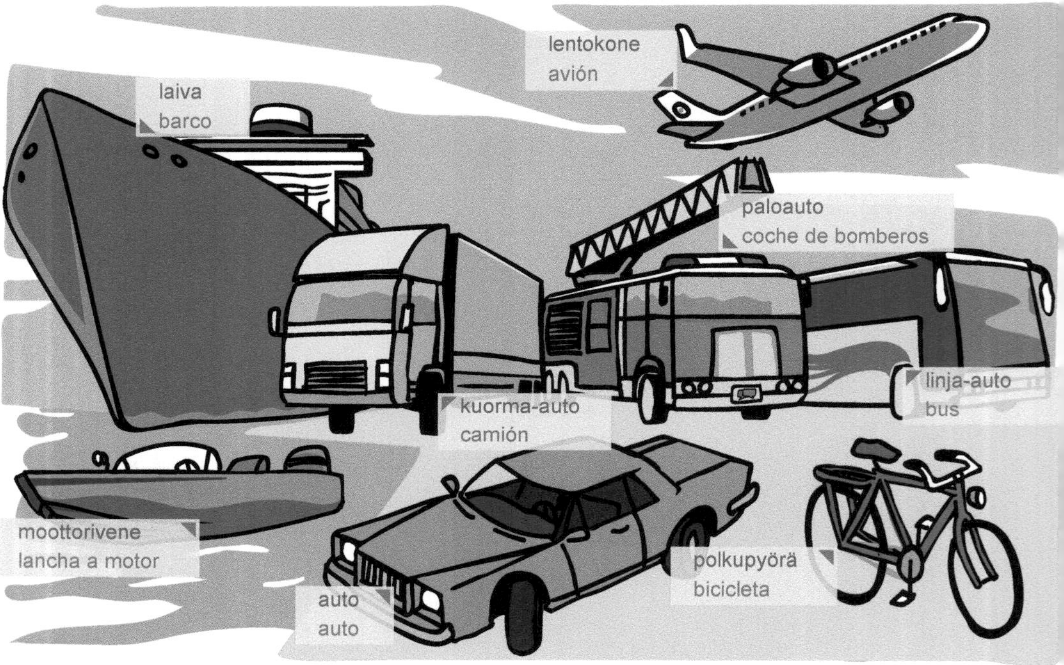

lentokone
avión
laiva
barco
paloauto
coche de bomberos
linja-auto
bus
kuorma-auto
camión
moottorivene
lancha a motor
polkupyörä
bicicleta
auto
auto

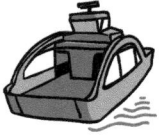

lautta

balsa

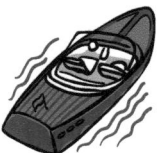

vene

lancha

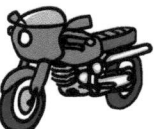

moottoripyörä

motocicleta

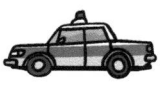

poliisiauto

auto de policía

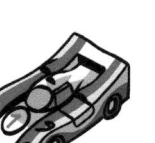

kilpa-auto

auto de carreras

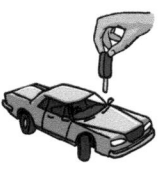

vuokra-auto

auto de alquiler

car sharing

alquiler de autos

hinausauto

grúa

roska-auto

vehículo recolector de basura

moottori

motor

polttoaine

gasolina

huoltoasema

gasolinera

liikennemerkki

señal de tráfico

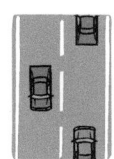

liikenne

tránsito

ruuhka

atasco

parkkipaikka

estacionamiento

rautatieasema

estación de tren

raiteet

carril

juna

tren

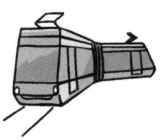

raitiovaunu

tranvía

vaunu

vagón

helikopteri

helicóptero

lentokenttä

aeropuerto

lähilennonjohto

torre

matkustaja

pasajero

kontti

contenedor

pahvilaatikko

caja de cartón

kärryt

carro

kori

cesta

nousta / laskea

despegar / aterrizar

kaupunki
ciudad

kylä

aldea

keskusta

centro de la ciudad

talo

casa

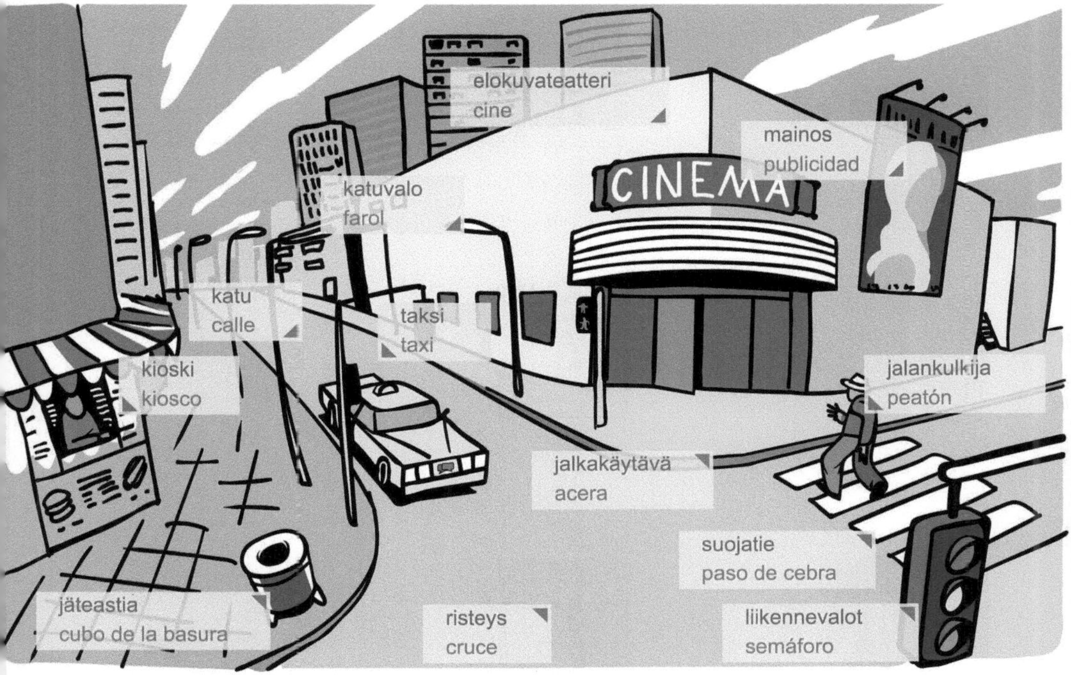
elokuvateatteri
cine
mainos
publicidad
CINEMA
katuvalo
farol
katu
calle
taksi
taxi
kioski
kiosco
jalankulkija
peatón
jalkakäytävä
acera
suojatie
paso de cebra
jäteastia
cubo de la basura
risteys
cruce
liikennevalot
semáforo

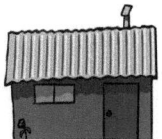

mökki

cabaña

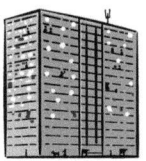

kerrostalo

apartamento

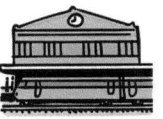

rautatieasema

estación de tren

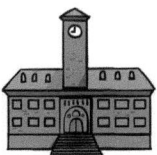

kaupungintalo

ayuntamiento

MUSEUM

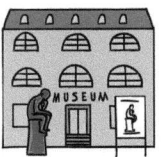

museo

museo

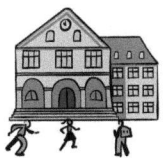

koulu

escuela

yliopisto

universidad

pankki

banco

sairaala

hospital

hotelli

hotel

apteekki

farmacia

toimisto

oficina

kirjakauppa

librería

liike

negocio

kukkakauppa

florería

supermarketti

supermercado

tori

mercado

tavaratalo

grandes almacenes

kalakauppias

pescadería

ostoskeskus

centro comercial

satama

puerto

puisto

parque

penkki

banco

silta

puente

portaat

escalera

metro

metro

tunneli

túnel

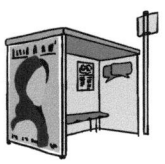

linja-autopysäkki

parada de autobuses

baari

bar

ravintola

restaurante

postilaatikko

buzón de correo

katukyltti

letrero

parkkimittari

parquímetro

eläintarha

zoológico

uimala

piscina

moskeija

mezquita

maatila
granja

ympäristön saastuminen
polución

hautausmaa
cementerio

kirkko
iglesia

leikkikenttä
parque infantil

temppeli
templo

maisema
paisaje

lehti
hoja

tienviitta
indicador de camino

tie
sendero

niitty
pradera

kivi
piedra

retkeilijä
caminante

puu
árbol

joki
río

ruoho
pasto

kukka
flor

laakso

valle

vuori

montaña

järvi

lago

metsä

bosque

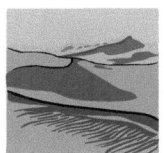

aavikko

desierto

tulivuori

volcán

linna

castillo

sateenkaari

arco iris

sieni

seta

palmu

palmera

hyttynen

mosquito

kärpänen

mosca

muurahainen

hormiga

mehiläinen

abeja

hämähäkki

araña

kovakuoriainen

escarabajo

sammakko

rana

orava

ardilla

siili

erizo

jänis

liebre

pöllö

lechuza

lintu

pájaro

joutsen

cisne

villisika

jabalí

peura

ciervo

hirvi

alce

pato

embalse

tuulimylly

aerogenerador

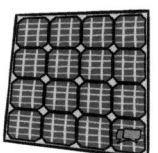

aurinkopaneeli

módulo solar

ilmasto

clima

ravintola
restaurante

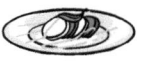

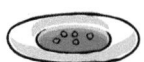

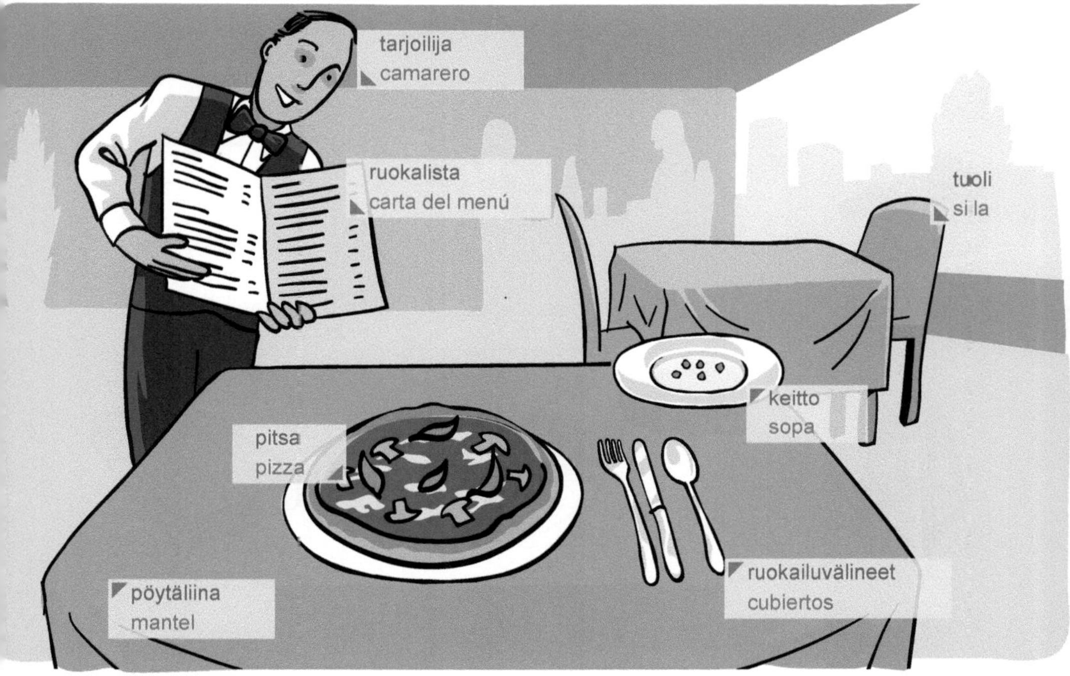

tarjoilija
camarero
ruokalista
carta del menú
tuoli
silla
keitto
sopa
pitsa
pizza
ruokailuvälineet
cubiertos
pöytäliina
mantel

alkuruoka

entrada

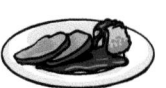

pääruoka

plato principal

jälkiruoka

postre

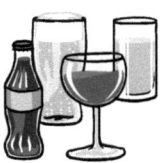

juomat

bebida

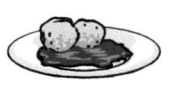

ruoka

comida

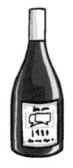

pullo

botella

pikaruoka

comida rápida

katuruoka

comida callejera

teekannu

tetera

sokeriastia

azucarera

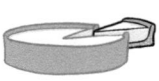

annos

porción

espressokeitin

máquina de espresso

syöttötuoli

silla alta

lasku

factura

tarjotin

bandeja

veitsi

cuchillo

haarukka

tenedor

lusikka

cuchara

teelusikka

cuchara de té

servietti

servilleta

lasi

vaso

lautanen

plato

syvä lautanen

plato de sopa

aluslautanen

platillo

kastike

salsa

suolasirotin

salero

pippurimylly

molinillo para pimienta

etikka

vinagre

öljy

aceite

mausteet

especias

ketsuppi

ketchup

sinappi

mostaza

majoneesi

mayonesa

supermarketti
supermercado

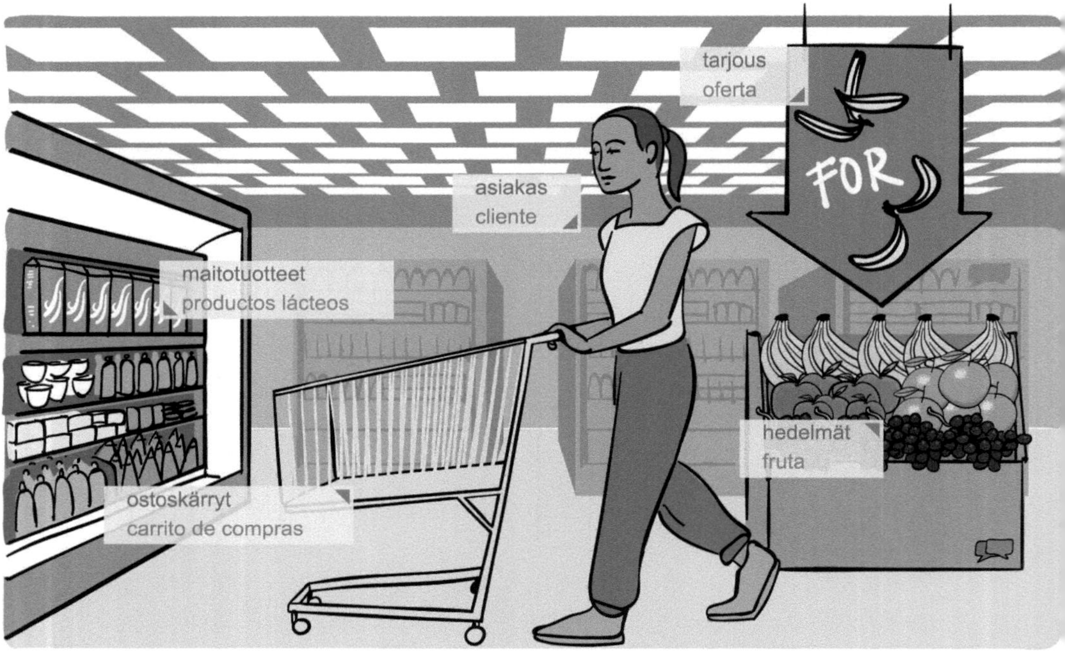

tarjous
oferta
FOR
asiakas
cliente
maitotuotteet
productos lácteos
hedelmät
fruta
ostoskärryt
carrito de compras

BUTCHERS

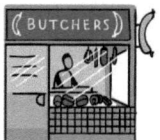

teurastamo

carnicería

BAKERY

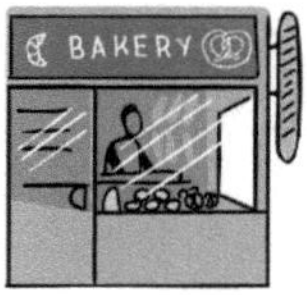

leipomo

panadería

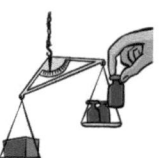

punnita

pesar

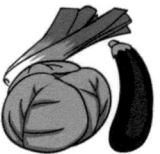

kasvikset

verdura

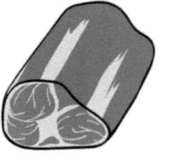

liha

carne

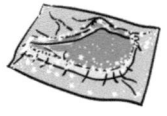

pakasteet

alimentos congelados

leikkele

fiambre

säilykkeet

conservas

pesujauhe

detergente en polvo

makeiset

dulces

kotitaloustarvikkeet

artículos domésticos

puhdistusaineet

productos de limpieza

myyjä

vendedora

kassa

caja

kassanhoitaja

cajero

ostoslista

lista de compras

aukioloajat

horario de atención

lompakko

cartera

luottokortti

tarjeta de crédito

kassi

maleta

muovipussi

bolsa plástica

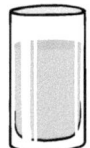

vesi

agua

mehu

jugo

maito

leche

kokis

refresco de cola

viini

vino

olut

cerveza

alkoholi

alcohol

kaakao

cacao

tee

té

kahvi

café

espresso

espresso

cappuccino

cappuccino

banaani

banana

omena

manzana

appelsiini

naranja

meloni

sandía

sitruuna

limón

porkkana

zanahoria

valkosipuli

ajo

bambu

bambú

sipuli

cebolla

sieni

seta

pähkinät

nueces

spagetti

fideos

spagetti

espagueti

riisi

arroz

salaatti

ensalada

ranskalaiset

patatas fritas

paistetut perunat

patatas salteadas

pitsa

pizza

hampurilainen

hamburguesa

voileipä

sándwich

leike

escalope

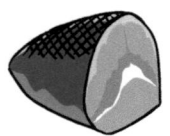

kinkku

jamón

salami

salame

makkara

embutido

kana

pollo

paisti

asado

kala

pescado

kaurahiutaleet

copos de avena

mysli

musli

murot

copos de maíz tostado

jauho

harina

voisarvi

croissant

sämpylä

panecillo

leipä

pan

paahtoleipä

tostada

keksit

galletas

voi

mantequilla

rahka

cuajada

kakku

pastel

kananmuna

huevo

paistettu kananmuna

huevo frito

juusto

queso

jäätelö

helado

sokeri

azúcar

hunaja

miel

hillo

mermelada

suklaapähkinälevite

praliné

curry

curry

maatila
granja

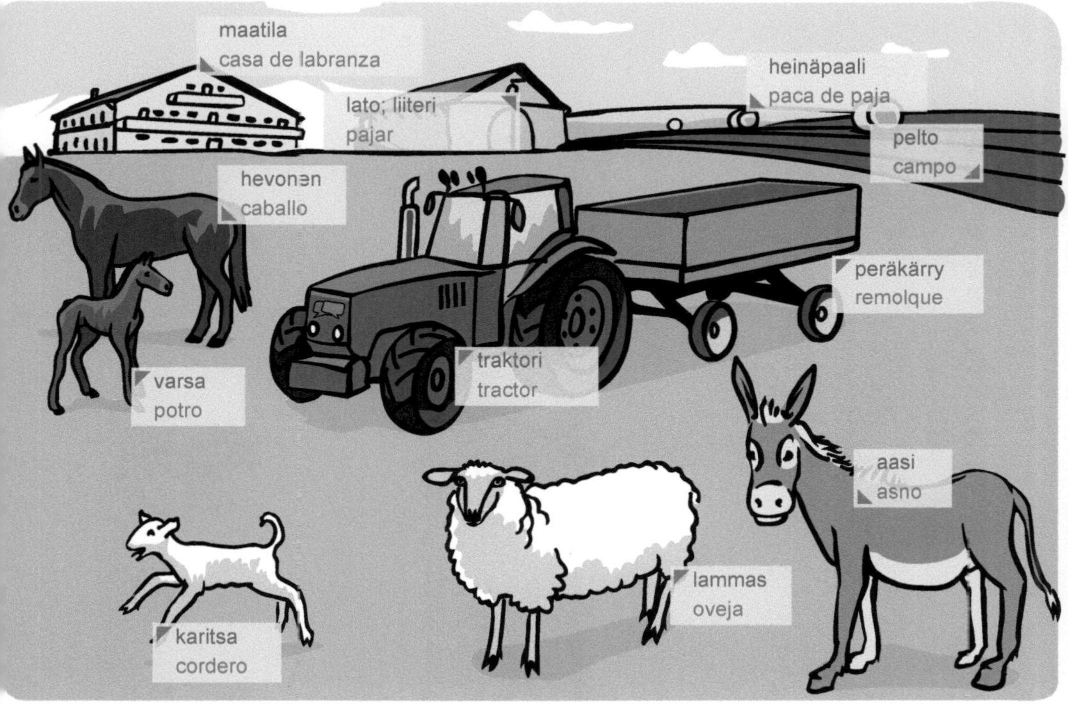
maatila
casa de labranza
lato; liiteri
pajar
heinäpaali
paca de paja
pelto
campo
hevonen
caballo
peräkärry
remolque
traktori
tractor
varsa
potro
aasi
asno
lammas
oveja
karitsa
cordero

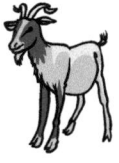

vuohi

cabra

lehmä

vaca

vasikka

ternero

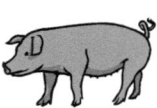

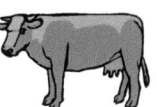

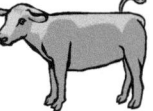

sika

cerdo

porsas

lechón

sonni

toro

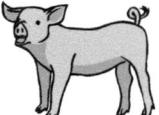

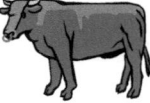

hanhi

ganso

ankka

pato

tipu

polluelo

kana

pollo

kukko

gallo

rotta

rata

kissa

gato

hiiri

ratón

härkä

buey

koira

perro

koirankoppi

caseta del perro

puutarhaletku

manguera de riego

kastelukannu

regadera

viikate

guadaña

aura

arado

sirppi
hoz

kuokka
azada

talikko
bieldo

kirves
hacha

kottikärryt
carretilla

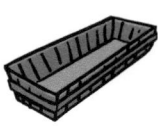

kaukalo
abrevadero

maitokannu
lechera

säkki
saco

aita
cerca

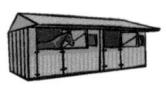

talli
establo

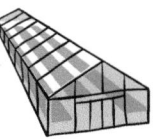

kasvihuone
invernadero

maa
suelo

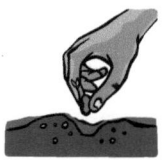

siemen
semilla

lannoite
fertilizante

leikkuupuimuri
cosechadora

kerätä sato

cosechar

sato

cosecha

jamssit

raíz de ñame

vehnä

trigo

soija

soja

peruna

patata

maissi

maíz

rypsi

colza

hedelmäpuu

Árbol frutal

maniokki

mandioca

vilja

cereales

talo

casa

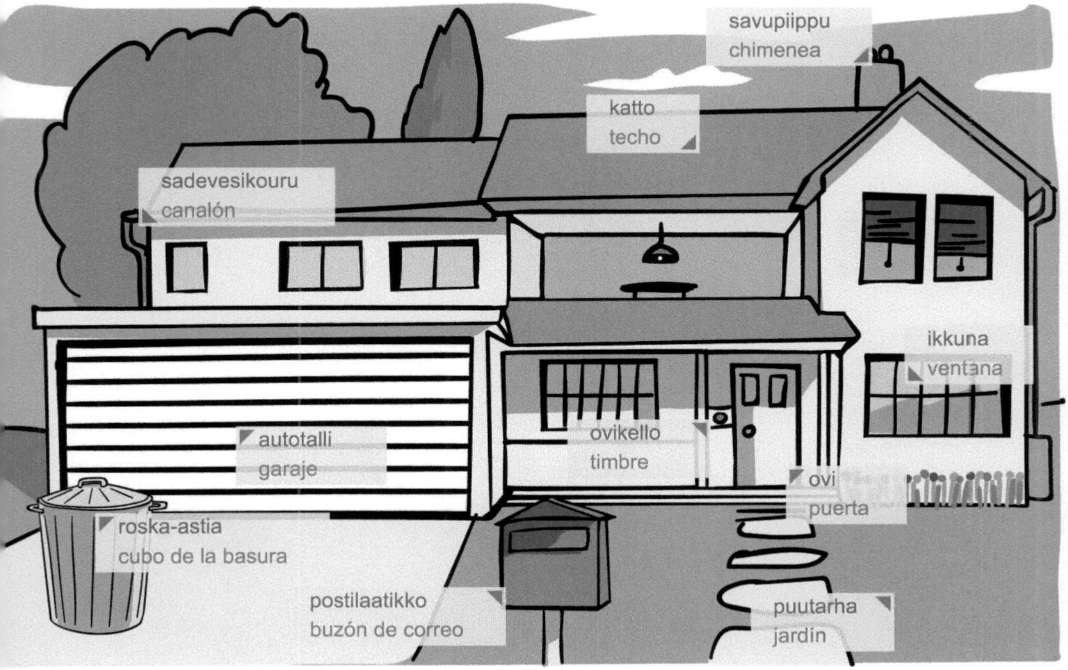

savupiippu
chimenea
katto
techo
sadevesikouru
canalón
ikkuna
ventana
autotalli
garaje
ovikello
timbre
ovi
puerta
roska-astia
cubo de la basura
postilaatikko
buzón de correo
puutarha
jardín

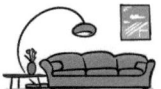

olohuone

cuarto de estar

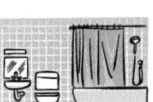

kylpyhuone

cuarto de baño

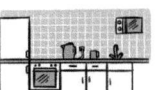

keittiö

cocina

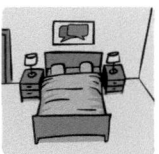

makuuhuone

dormitorio

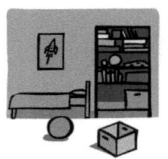

lastenhuone

cuarto de los niños

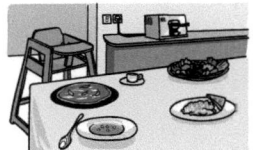

ruokahuone

comedor

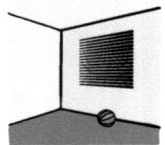

lattia

piso

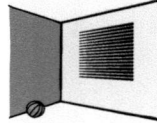

seinä

pared

katto

cielorraso

kellari

sótano

sauna

sauna

parveke

balcón

terassi

terraza

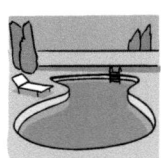

uima-allas

piscina

ruohonleikkuri

cortacésped

lakana

funda nórdica

päiväpeitto

edredón

sänky

cama

harja

escoba

ämpäri

cubo

katkaisin

interruptor

olohuone

cuarto de estar

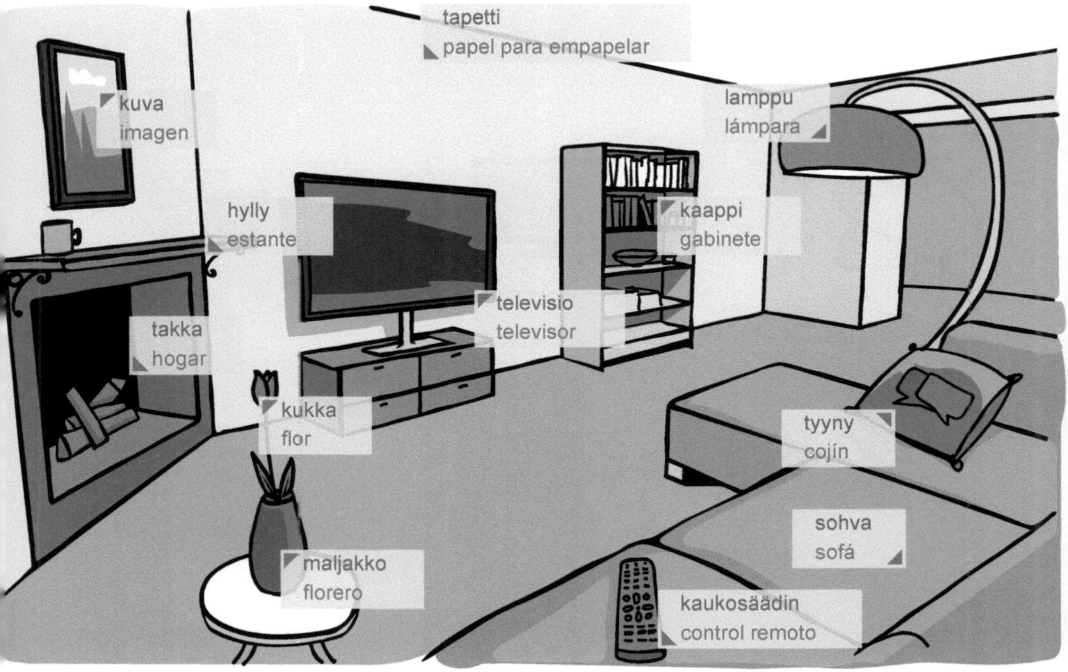

tapetti
papel para empapelar
kuva
imagen
lamppu
lámpara
hylly
estante
kaappi
gabinete
televisio
televisor
takka
hogar
kukka
flor
tyyny
cojín
sohva
sofá
maljakko
florero
kaukosäädin
control remoto

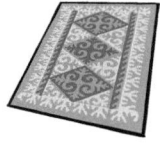

matto
alfombra

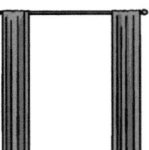

verho
cortina

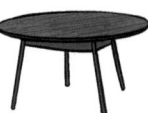

pöytä
mesa

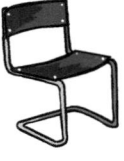

tuoli
silla

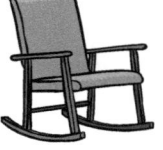

keinutuoli
mecedora

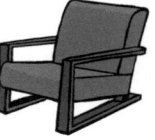

nojatuoli
sillón

kirja

libro

peitto

frazada

koriste

decoración

polttopuut

leña

elokuva

film

stereot

equipo estereofónico

avain

llave

sanomalehti

periódico

maalaus

cuadro

juliste

póster

radio

radio

muistivihko

bloc de notas

pölynimuri

aspiradora

kaktus

cactus

kynttilä

vela

keittiö
cocina

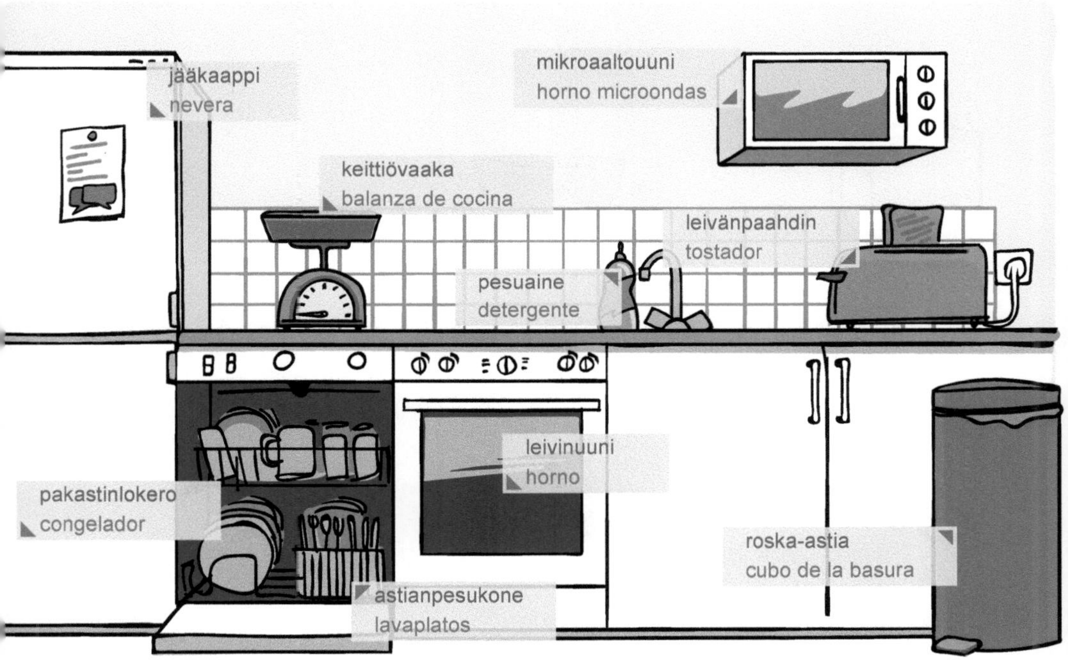
jääkaappi
nevera
mikroaaltouuni
horno microondas
keittiövaaka
balanza de cocina
leivänpaahdin
tostador
pesuaine
detergente
leivinuuni
horno
pakastinlokero
congelador
roska-astia
cubo de la basura
astianpesukone
lavaplatos

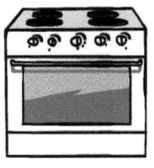

liesi

cocina

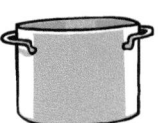

kattila

olla

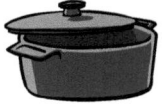

rautapata

olla de fundición de hierro

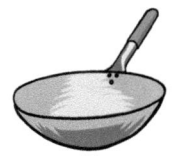

vokkipannu / kadai-pannu

wok / kadai

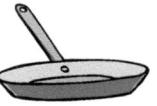

paistinpannu

sartén

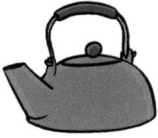

teepannu

hervidor de agua

höyrykeitin

olla de vapor

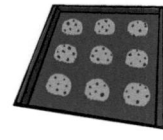

uunipelti

bandeja de horno

astiat

vajilla

muki

vaso

kulho

bol

syömäpuikot

palillos para comer

kauha

cucharón de sopa

paistinlasta

espátula

vispilä

batidor

siivilä

colador

siivilä

cedazo

raastin

rallador

mortteli

mortero

grilli

parrillada

avotuli

fogata

leikkuulauta

tabla de picar

kaulin

rodillo

korkinavaaja

sacacorchos

purkki

lata

purkinavaaja

abrelatas

pannulappu

agarrador

lavuaari

fregadero

tiskiharja

cepillo

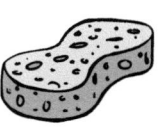

pesusieni

esponja

tehosekoitin

batidora

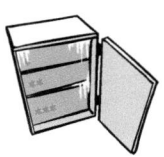

pakastin

arcón congelador

tuttipullo

biberón

vesihana

grifo

kylpyhuone
cuarto de baño

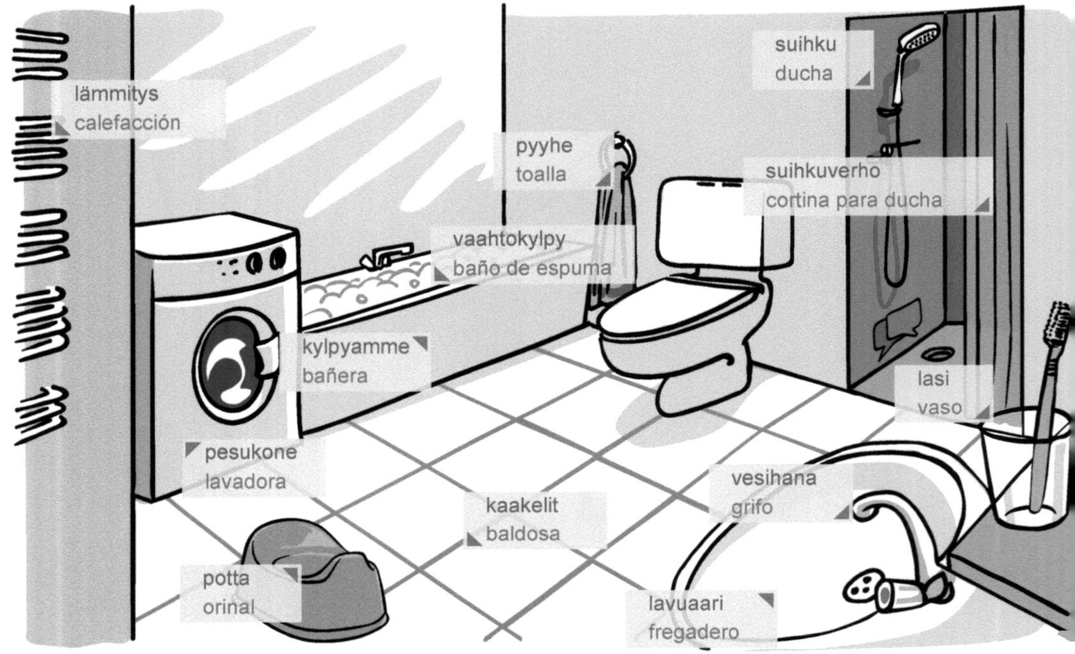

suihku
ducha

lämmitys
calefacción

pyyhe
toalla

suihkuverho
cortina para ducha

vaahtokylpy
baño de espuma

kylpyamme
bañera

lasi
vaso

pesukone
lavadora

vesihana
grifo

kaakelit
baldosa

potta
orinal

lavuaari
fregadero

vessa

cuarto de baño

kyykkyvessa

placa turca

bidee

bidé

pisuaari

urinario

vessapaperi

papel higiénico

vessaharja

escobilla para el cuarto de baño

hammasharja

cepillo de dientes

hammastahna

pasta dentífrica

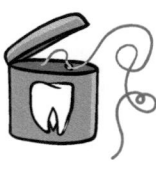

hammaslanka

seda dental

pestä

lavar

käsisuihku

ducha teléfono

intiimisuihku

ducha higiénica

pesuvati

cuenco

selkäharja

cepillo para la espalda

saippua

jabón

suihkugeeli

gel de ducha

shampoo

champú

pesulappu

manopla para baño

viemäri

desagüe

voide

crema

deodorantti

desodorante

peili

espejo

käsipeili

espejo de maquillaje

partaveitsi

máquina de afeitar

partavaahto

espuma de afeitar

partavesi

loción para después del
afeitado

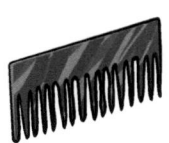

kampa

peine

harja

cepillo

hiustenkuivaaja

secador para cabello

hiuslakka

laca de peinado

meikki

maquillaje

huulipuna

lápiz labial

kynsilakka

laca para uñas

pumpuli

algodón

kynsisakset

tijera para uñas

hajuvesi

perfume

kosmetiikkalaukku

neceser

jakkara

taburete

vaaka

balanza

kylpytakki

bata de baño

kumihansikkaat

guantes de goma

tamponi

tampón

terveysside

compresa

kemiallinen wc

wáter químico

lastenhuone

cuarto de los niños

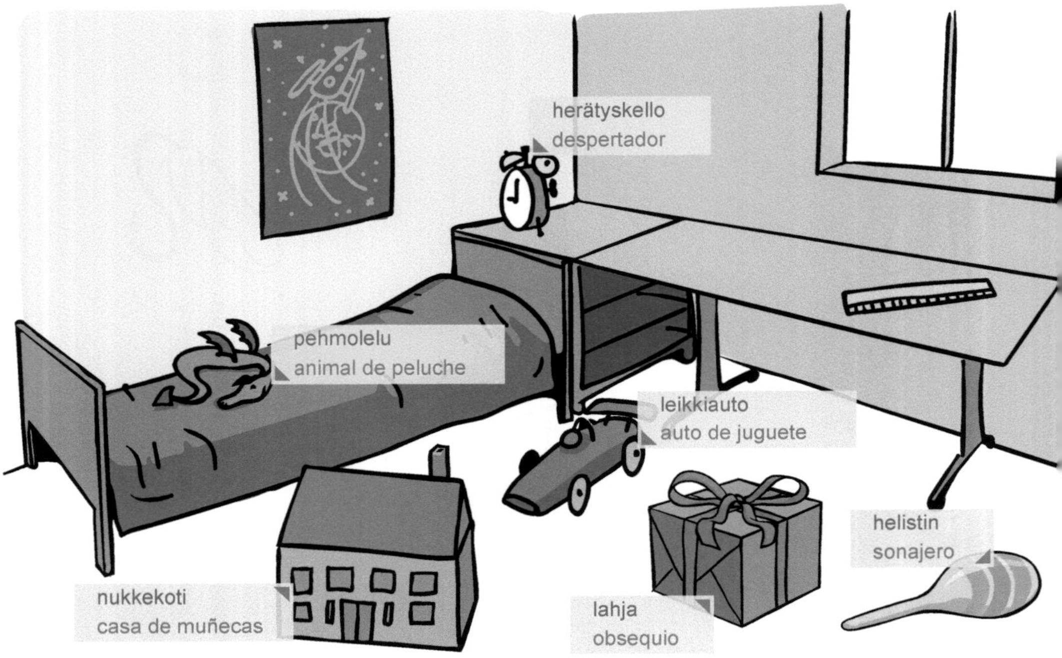

herätyskello
despertador
pehmolelu
animal de peluche
leikkiauto
auto de juguete
helistin
sonajero
nukkekoti
casa de muñecas
lahja
obsequio

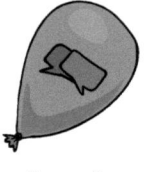

ilmapallo

globo

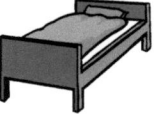

sänky

cama

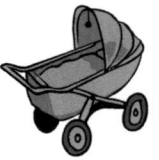

lastenvaunut

cochecito para niños

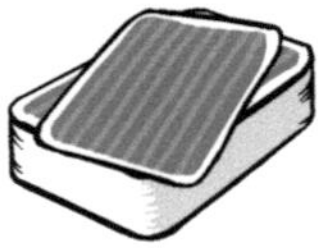

korttipeli

juego de barajas

palapeli

rompecabezas

SUPER
MEGA

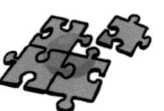

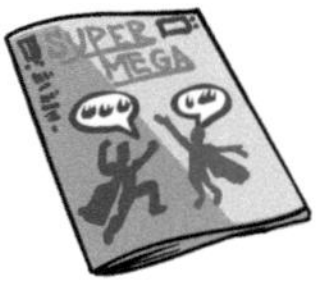

sarjakuva

cómic

legopalikat

piezas de Lego

rakennuspalikat

bloques para jugar

supersankari

figura de acción

potkupuku

pijama de una pieza

frisbee

frisbee

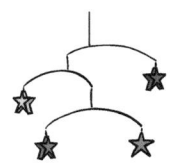

mobile

móvil

lautapeli

juego de mesa

noppa

dado

pienoisjunarata

tren eléctrico a escala

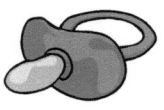

tutti

chupete

juhlat

fiesta

kuvakirja

libro de dibujos

pallo

pelota

nukke

títere

leikkiä

jugar

hiekkalaatikko

arenero

keinu

columpio

lelut

juguetes

pelikonsoli

consola de videojuego

kolmipyörä

triciclo

nalle

osito de peluche

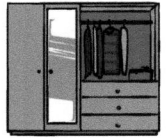

vaatekaappi

guardarropa

vaatteet
vestimenta

sukat

calcetines

nylonsukat

medias

sukkahousut

panti

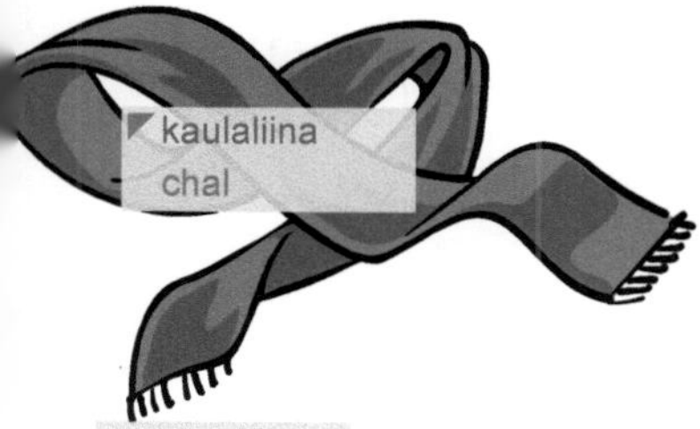

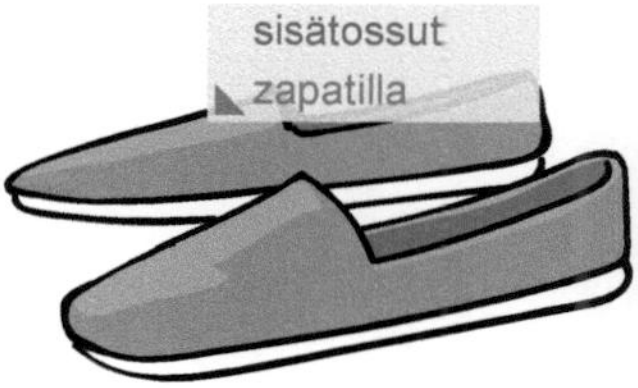

kaulaliina
chal

sateenvarjo
paraguas

t-paita
camiseta

vyö
cinturón

saappaat
botas

sisätossut
zapatilla

lenkkarit
deportivas

sandaalit
sandalias

kengät
zapatos

kumisaappaat
botas de goma

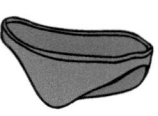

alushousut
ropa interior

rintaliivit
corpiño

aluspaita
camiseta

body

body

housut

pantalón

farkut

jeans

hame

falda

pusero

blusa

paita

camisa

villapaita

pullover

collegepaita

sweater

jakku

blazer

takki

chaqueta

takki

abrigo

sadetakki

impermeable

puku

traje chaqueta

mekko

vestido

hääpuku

vestido de bodas

puku

traje

yöpaita

camisón

pyjama

pijama

shari

sari

päähuivi

pañuelo de cabeza

turbaani

turbante

burka

burka

kaftaani

caftán

abaya

abaya

uimapuku

traje de baño

uimahousut

bañador

shortsit

shorts

verkkarit

chándal

esiliina

delantal

käsineet

guante

nappi

botón

silmälasit

gafa

rannekoru

brazalete

kaulakoru

cadena

sormus

anillo

korvakoru

aro

lippalakki

gorra

ripustin

percha

hattu

sombrero

solmio

corbata

vetoketju

cierre a cremallera

kypärä

casco

henkselit

tiradores

koulupuku

uniforme escolar

univormu

uniforme

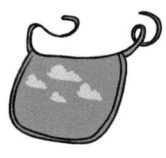

ruokalappu

babero

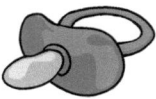

tutti

chupete

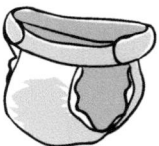

vaippa

pañal

toimisto
oficina

palvelin
servidor
asiakirjakaappi
archivador
tulostin
impresora
paperi
papel
näyttö
monitor
hiiri
ratón
kirjoituspöytä
escritorio
kansio
carpeta
näppäimistö
teclado
roskakori
cesto de papeles
tietokone
ordenador
tuoli
silla

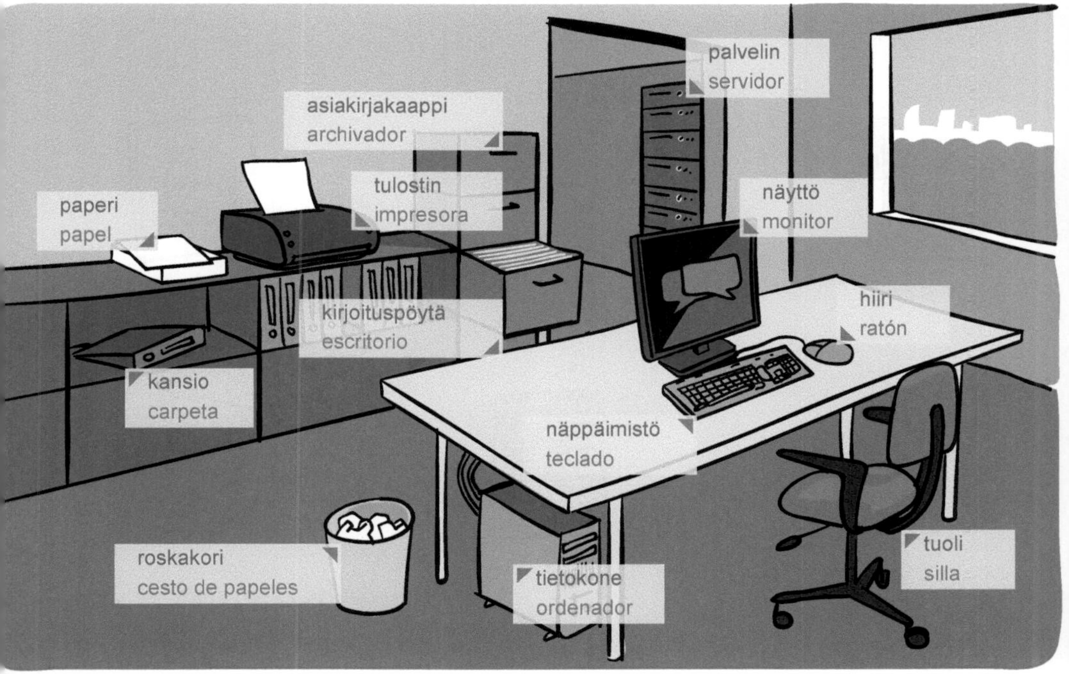

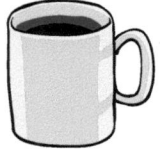

kahvimuki

taza de café

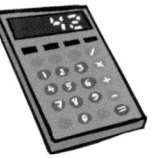

taskulaskin

calculadora

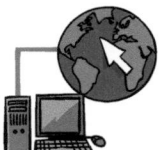

internet

internet

kannettava tietokone

laptop

kirje

carta

viesti

mensaje

kännykkä

teléfono móvil

verkko

red

kopiokone

fotocopiadora

ohjelmisto

software

puhelin

teléfono

pistorasia

tomacorriente

faksi

máquina de fax

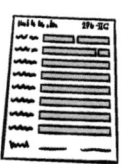

lomake

formulario

asiakirja

documento

ostaa

comprar

maksaa

pagar

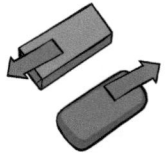

vaihtaa

comerciar

raha

dinero

dollari

dólar

euro

euro

jeni

yen

rupla

rublo

frangi

franco

renminbi juan

renminbi

rupia

rupia

pankkiautomaatti

cajero automático

rahanvaihto

casa de cambio

kulta

oro

hopea

plata

öljy

petróleo

energia

energía

hinta

precio

sopimus

contrato

vero

impuesto

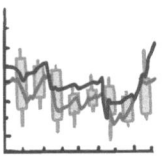

osake

acción

työskennellä

trabajar

työntekijä

empleado

työnantaja

empleador

tehdas

fábrica

liike

negocio

poliisi
policía

palomies
bombero

kokki
cocinero

lääkäri
médico

lentäjä
piloto

puutarhuri

jardinero

puuseppä

carpintero

ompelija

costurera

tuomari

juez

kemisti

químico

näyttelijä

actor

linja-autonkuljettaja

conductor de autobús

taksinkuljettaja

taxista

kalastaja

pescador

siivooja

mujer de la limpieza

katontekijä

techista

tarjoilija

camarero

metsästäjä

cazador

maalari

pintor

leipuri

panadero

sähköasentaja

electricista

rakentaja

albañil

insinööri

ingeniero

teurastaja

carnicero

putkiasentaja

fontanero

postinjakaja

cartero

sotilas

soldado

arkkitehti

arquitecto

kassanhoitaja

cajero

floristi

florista

kampaaja

peluquero

konduktööri

cobrador

mekaanikko

mecánico

kapteeni

capitán

hammaslääkäri

odontólogo

tiedemies

científico

rabbi

rabino

imaami

imam

munkki

monje

pappi

párroco

työkalut
herramientas

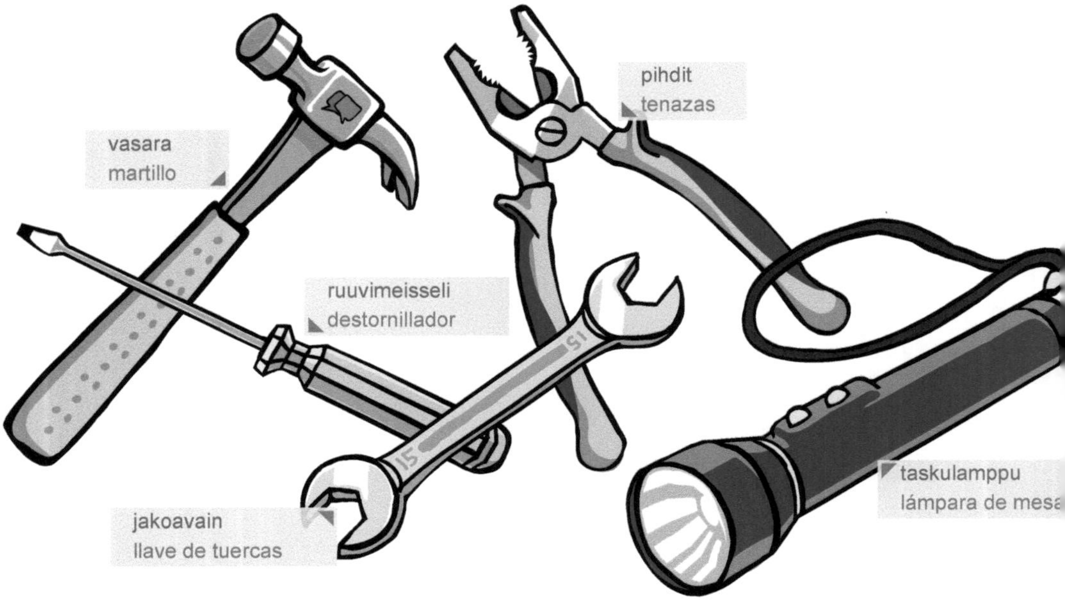

vasara
martillo
pihdit
tenazas
ruuvimeisseli
destornillador
jakoavain
llave de tuercas
taskulamppu
lámpara de mesa

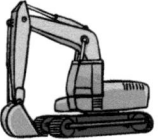

kaivinkone

excavadora

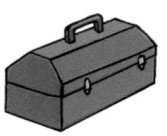

työkalupakki

caja de herramientas

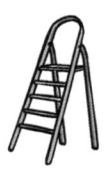

tikkaat

escalerilla

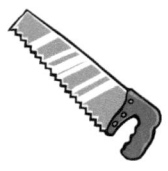

saha

serrucho

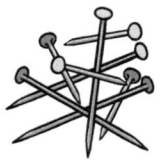

naulat

clavos

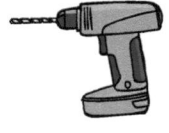

pora

taladro

korjata

reparar

lapio

pala

Hitto!

¡Maldición!

rikkalapio

recogedor

maalipurkki

lata de pintura

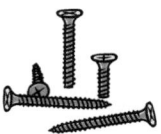

ruuvit

tornillos

soittimet

instrumentos musicales

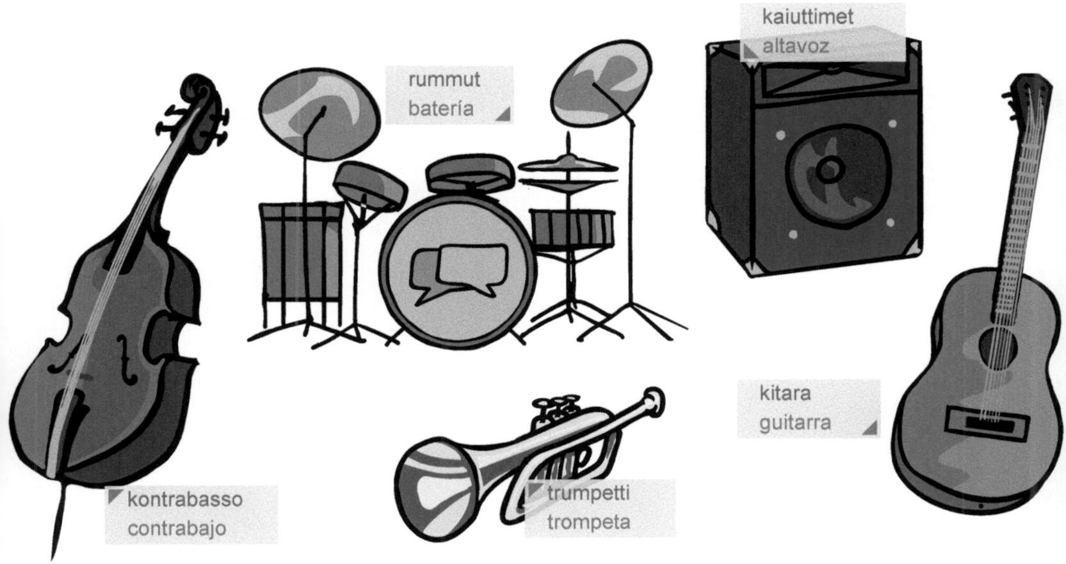

kaiuttimet
altavoz

rummut
batería

kitara
guitarra

kontrabasso
contrabajo

trumpetti
trompeta

piano

piano

viulu

violín

basso

bajo

patarummut

timbales

rumpu

tambor

kosketinsoitin

teclado

saksofoni

saxofón

huilu

flauta

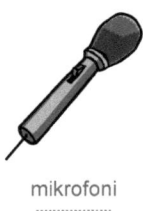

mikrofoni

micrófono

eläintarha
zoológico

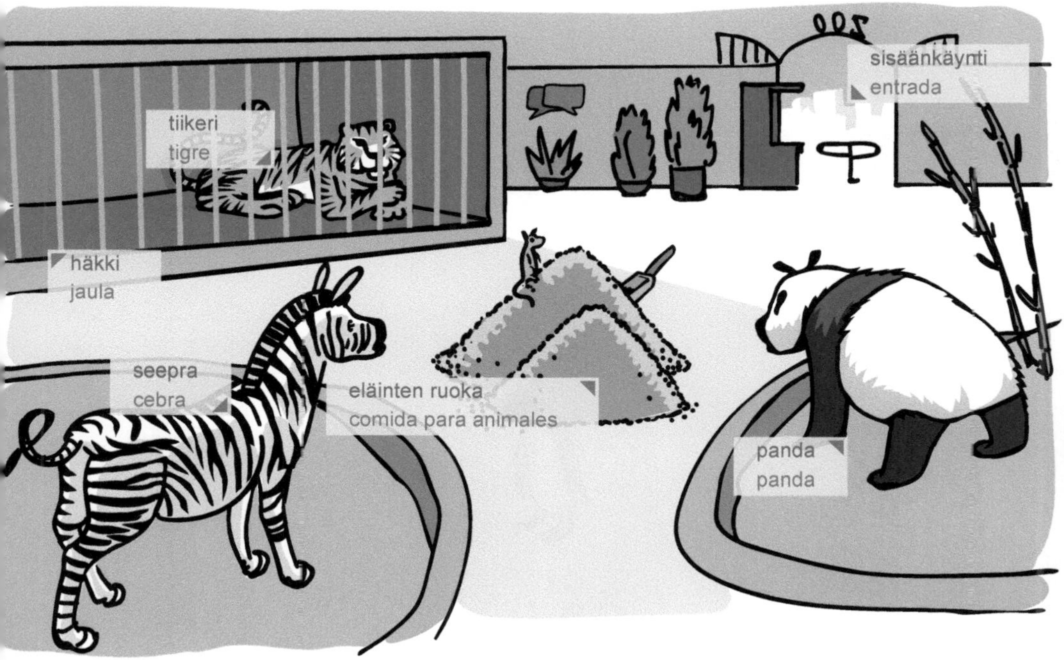

zoo
tiikeri
tigre
sisäänkäynti
entrada
häkki
jaula
seepra
cebra
eläinten ruoka
comida para animales
panda
panda

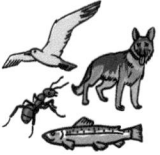

eläimet
animales

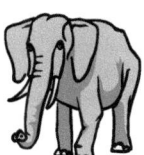

norsu
elefante

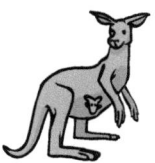

kenguru
canguro

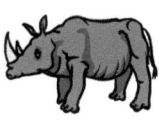

sarvikuono
rinoceronte

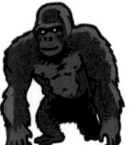

gorilla
gorila

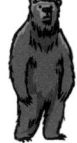

karhu
oso

kameli

camello

strutsi

avestruz

leijona

león

apina

mono

flamingo

flamengo

papukaija

papagayo

jääkarhu

oso polar

pingviini

pingüino

hai

tiburón

riikinkukko

pavo real

käärme

serpiente

krokotiili

cocodrilo

eläintarhanhoitaja

cuidador del zoológico

hylje

foca

jaguaari

jaguar

poni

pony

leopardi

leopardo

virtahepo

hipopótamo

kirahvi

jirafa

kotka

águila

villisika

jabalí

kala

pescado

kilpikonna

tortuga

mursu

morsa

kettu

zorro

gaselli

gacela

amerikkalainen jalkapallo
fútbol americano

pyöräily
ciclismo

tennis
tenis

koripallo
baloncesto

uinti
natación

jääkiekko
hockey sobre hielo

nyrkkeily
boxeo

jalkapallo
fútbol

sulkapallo
badminton

yleisurheilu
atletismo

käsipallo
balonmano

hiihto
esquí

poolo
polo

aktiviteetit
actividades

nauraa
reír
hypätä
saltar
halata
abrazar
kävellä
caminar
laulaa
cantar
unelmcida
soñar
rukoilla
rezar
suudella
besar

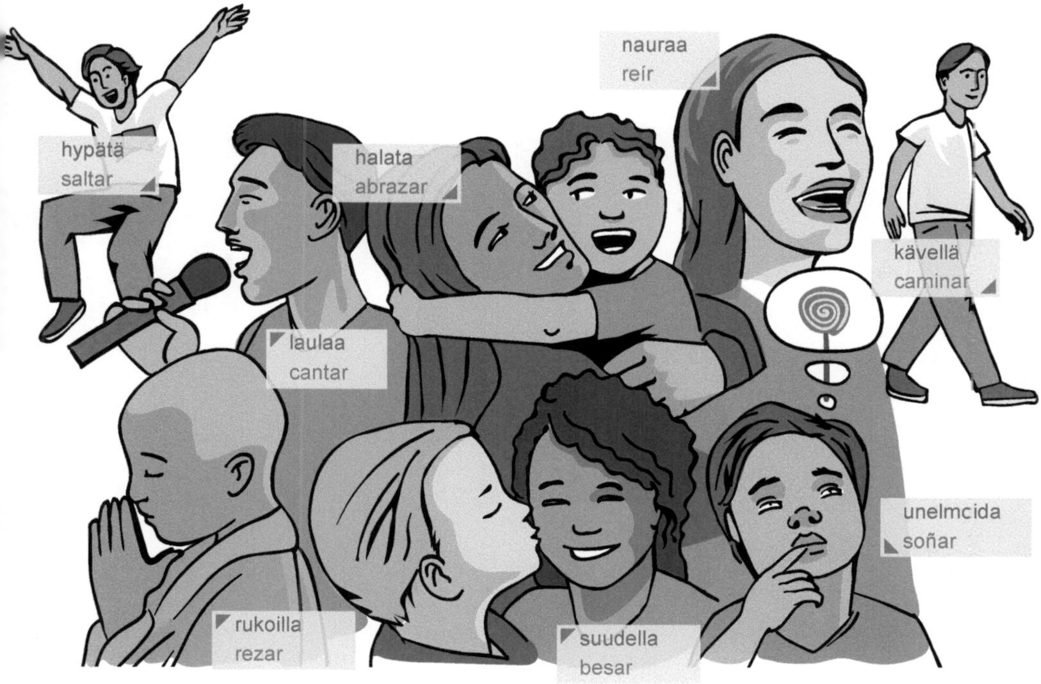

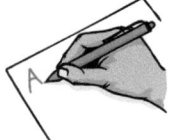

kirjoittaa

escribir

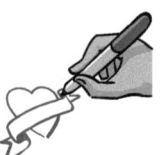

piirtää

dibujar

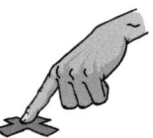

näyttää

mostrar

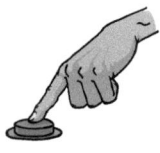

painaa

presionar

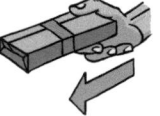

antaa

dar

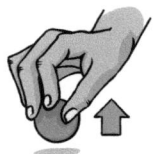

ottaa

tomar

omistaa
tener

tehdä
hacer

olla
ser

seisoa
estar de pie

juosta
correr

vetää
tirar

heittää
arrojar

kaatua
caer

maata
estar acostado

odottaa
esperar

kantaa
llevar

istua
estar sentado

pukeutua
vestirse

nukkua
dormir

herätä
despertar

katsoa
mirar

itkeä
llorar

silittää
acariciar

kammata
peinarse

puhua
conversar

ymmärtää
entender

kysyä
preguntar

kuunnella
oír

juoda
beber

syödä
comer

siivota
asear

rakastaa
amar

keittää
cocinar

ajaa
conducir

lentää
volar

purjehtia

navegar

laskea

calcular

lukea

leer

oppia

aprender

työskennellä

trabajar

mennä naimisiin

casarse

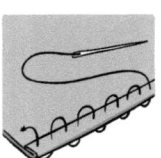

ommella

coser

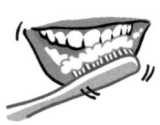

pestä hampaat

limpiarse los dientes

tappaa

matar

tupakoida

fumar

lähettää

enviar

mummo
abuela

ukki
abuelo

isä
padre

äiti
madre

vauva
bebé

tytär
hija

poika
hijo

vieras
invitado

täti
tía

setä
tío

veli
hermano

sisko
hermana

vartalo
cuerpo

otsa
frente
silmä
ojo
olkapää
hombro
sormet
dedo
kasvot
cara
leuka
barbilla
käsi
mano
jalka
pierna
rinta
pecho
käsivarsi
brazo

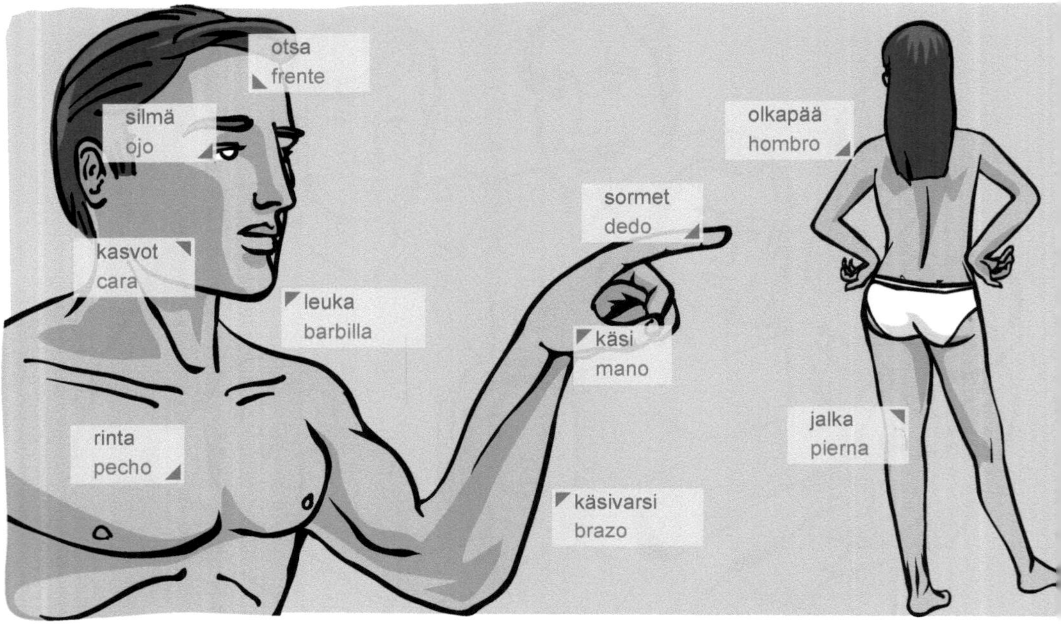

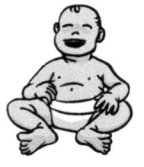

vauva

bebé

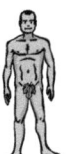

mies

hombre

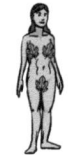

nainen

mujer

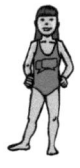

tyttö

muchacha

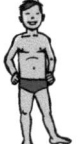

poika

joven

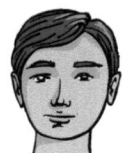

pää

cabeza

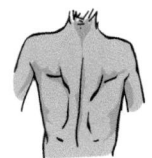

selkä

espalda

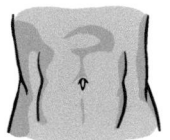

maha

vientre

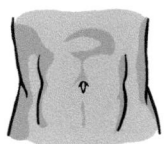

napa

ombligo

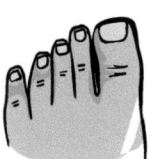

varvas

dedo del pie

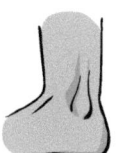

kantapää

talón

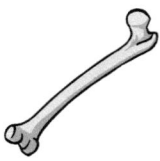

luu

hueso

lantio

cadera

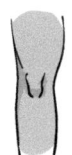

polvi

rodilla

kyynärpää

codo

nenä

nariz

takapuoli

trasero

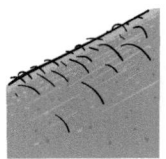

iho

piel

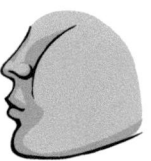

poski

mejilla

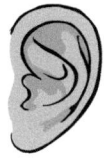

korva

oreja

huuli

labio

suu

boca

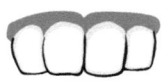

hammas

diente

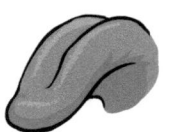

kieli

lengua

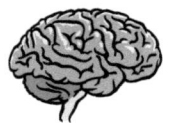

aivot

cerebro

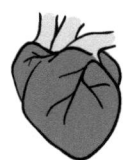

sydän

corazón

lihas

músculo

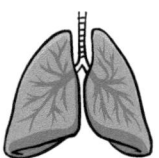

keuhkot

pulmón

maksa

hígado

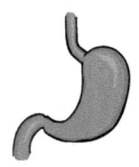

vatsa

estómago

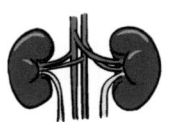

munuaiset

riñones

seksi

relación sexual

kondomi

condón

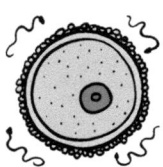

munasolu

Óvulo

sperma

esperma

raskaus

embarazo

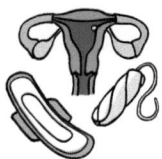

kuukautiset

menstruación

vagina

vagina

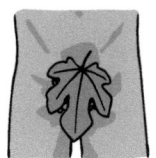

penis

pene

kulmakarvat

ceja

hiukset

cabello

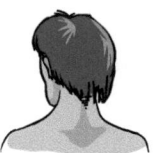

niska

cuello

sairaala
hospital

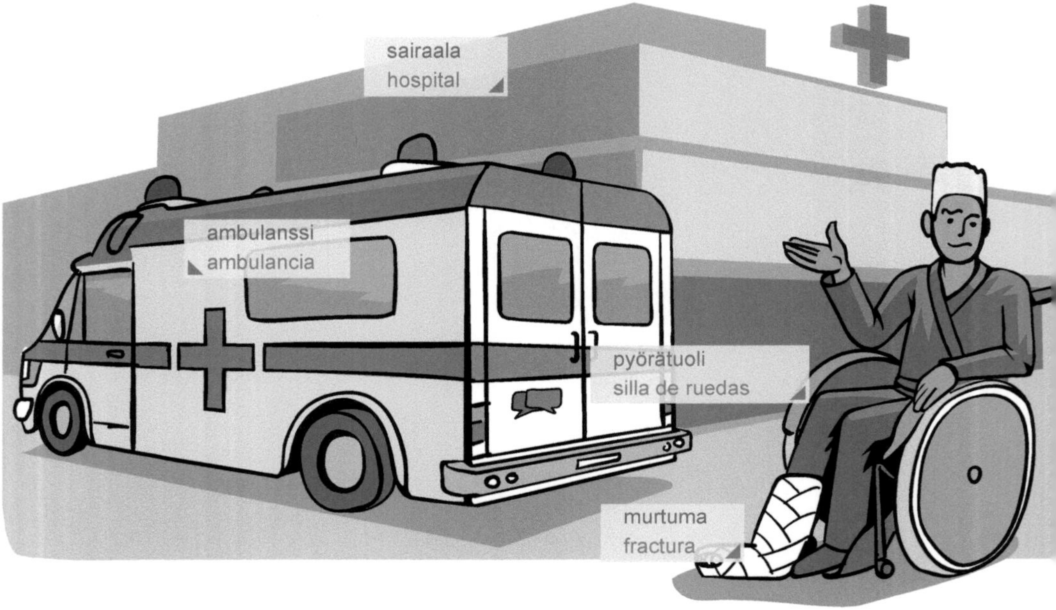

sairaala
hospital
ambulanssi
ambulancia
pyörätuoli
silla de ruedas
murtuma
fractura

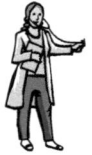

lääkäri

médico

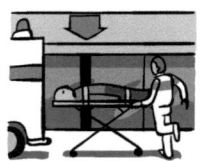

ensiapu

admisión de urgencia

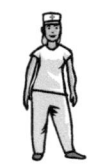

sairaanhoitaja

enfermera

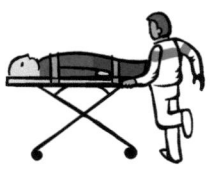

hätätilanne

emergencia

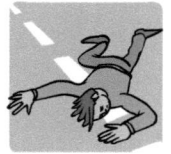

tajuton

inconsciente

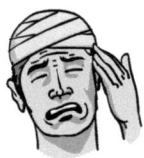

kipu

dolor

vamma

lesión

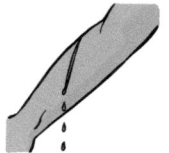

verenvuoto

hemorragia

sydänkohtaus

infarto de miocardio

aivoinfarkti

apoplejía cerebral

allergia

alergia

yskä

tos

kuume

fiebre

flunssa

gripe

ripuli

diarrea

päänsärky

dolor de cabeza

syöpä

cáncer

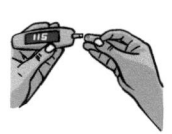

diabetes

diabetes

kirurgi

cirujano

veitsi

escalpelo

leikkaus

operación

ct
TC

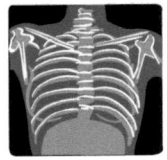

röntgen
rayos X

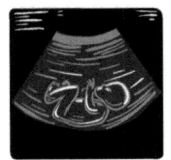

ultraääni
ultrasonido

maski
máscara

sairaus
enfermedad

odotushuone
sala de espera

sauva
muleta

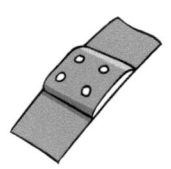

laastari
emplasto

side
vendaje

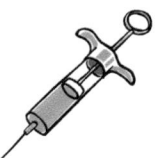

pistos
inyección

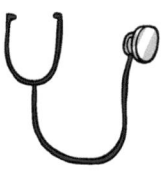

stetoskooppi
estetoscopio

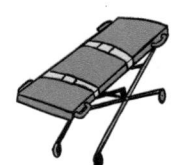

paarit
camilla

kuumemittari
termómetro

syntymä
nacimiento

ylipaino
sobrepeso

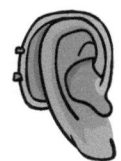

kuulolaite

audífono

desinfiointiaine

desinfectante

infektio

infección

virus

virus

HIV / AIDS

VIH / SIDA

lääke

medicina

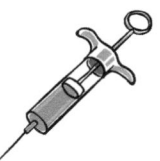

rokotus

vacunación

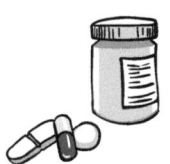

tabletit

comprimido

pilleri

píldora anticonceptiva

hätäpuhelu

llamada de emergencia

verenpainemittari

medidor de presión arterial

sairas / terve

enfermo / saludable

Apua! ¡Ayuda!	 hälytys alarma	 ryöstö asalto
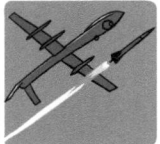 hyökkäys ataque	 vaara peligro	 hätäuloskäynti salida de emergencia
Tulipalo! ¡Fuego!	 palosammutin extintor	 onnettomuus accidente
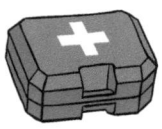 ensiapulaukku kit de primeros auxilios	 SOS SOS	 poliisilaitos Policía

Eurooppa

Europa

Pohjois-Amerikka

América del Norte

Etelä-Amerikka

América del Sur

Afrikka

África

Aasia

Asia

Australia

Australia

Atlantin valtameri

Atlántico

Tyynimeri

Pacífico

Intian valtameri

Océano Índico

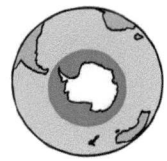

Eteläinen jäämeri

Océano Antártico

Pohjoinen jäämeri

Océano Ártico

pohjoisnapa

Polo Norte

etelänapa

Polo Sur

Antarktis

Antártida

maa

Tierra

maa

país

meri

mar

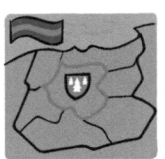

saari

isla

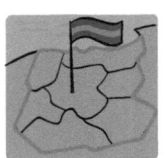

kansa

nación

osavaltio

Estado

kellotaulu

cuadrante

tuntiviisari

horario

minuuttiviisari

minutero

sekuntiviisari

segundero

Paljonko kello on?

¿Qué hora es?

päivä

día

aika

tiempo

nyt

ahora

digitaalikello

reloj digital

minuutti

minuto

tunti

hora

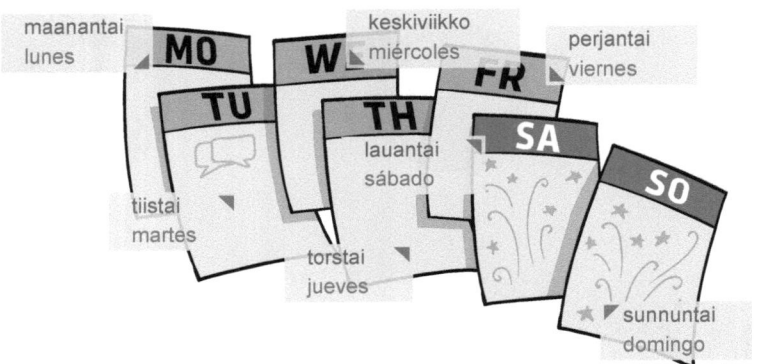

maanantai / lunes — MO
tiistai / martes — TU
keskiviikko / miércoles — W
torstai / jueves — TH
perjantai / viernes — FR
lauantai / sábado — SA
sunnuntai / domingo — SO

eilen
ayer

tänään
hoy

huomenna
mañana

aamu
mañana

keskipäivä
mediodía

ilta
tarde

MO	TU	WE	TH	FR	SA	SU
1	2	3	4	5	6	7
8	9	10	11	12	13	14
15	16	17	18	19	20	21
22	23	24	25	26	27	28
29	30	31	1	2	3	4

työpäivät
jornada de trabajo

MO	TU	WE	TH	FR	SA	SU
1	2	3	4	5	6	7
8	9	10	11	12	13	14
15	16	17	18	19	20	21
22	23	24	25	26	27	28
29	30	31	1	2	3	4

viikonloppu
fin de semana

vuosi
año

sade
lluvia
sateenkaari
arco iris
lumi
nieve
tuuli
viento
kevät
primavera
syksy
otoño
kesä
verano
talvi
invierno

4.APRIL 11°
5.APRIL 4°
6.APRIL 13°
7.APRIL 8°
8.APRIL 10°

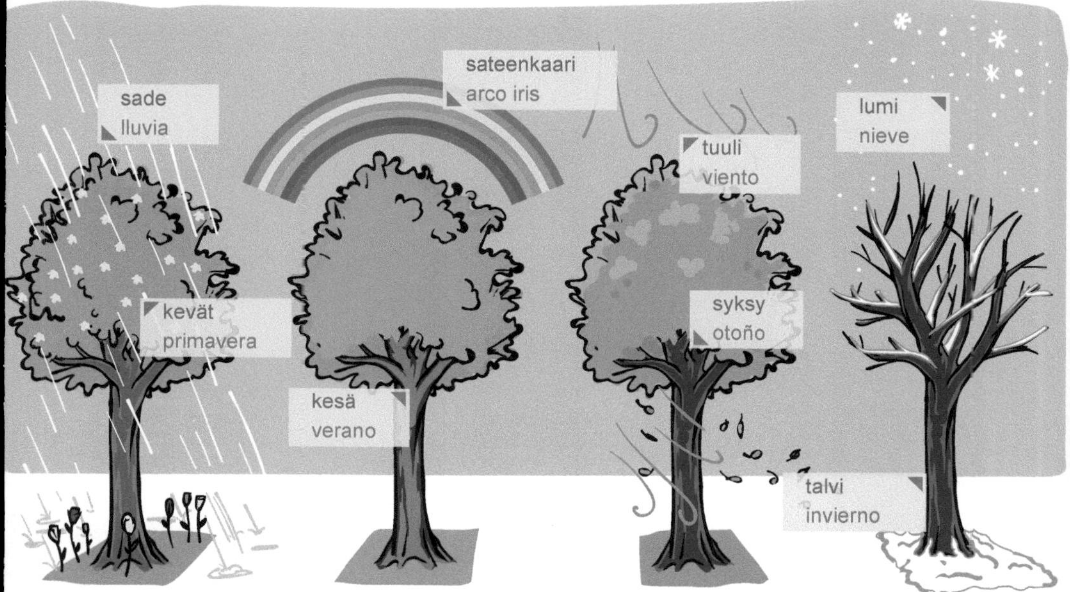

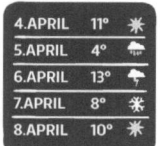

sääennuste

pronóstico meteorológico

F C
120 40
90 30
60 20
30 10
0 0
-30 -10
-20

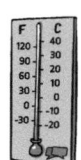

lämpömittari

termómetro

auringonpaiste

luz solar

pilvi

nube

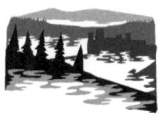

sumu

niebla

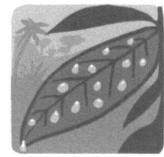

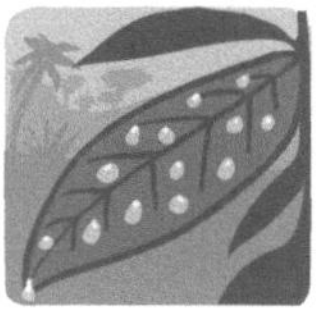

ilmankosteus

humedad ambiente

salama
relámpago

ukkonen
trueno

myrsky
tormenta

rae
granizo

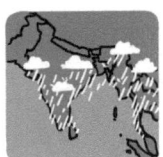

monsuuni
monzón

tulva
inundación

jää
hielo

tammikuu
enero

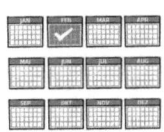

helmikuu
febrero

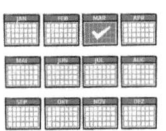

maaliskuu
marzo

huhtikuu
abril

toukokuu
mayo

kesäkuu
junio

heinäkuu
julio

elokuu
agosto

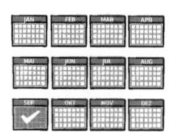

syyskuu
....
septiembre

lokakuu
....
octubre

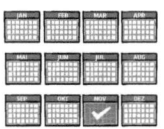

marraskuu
....
noviembre

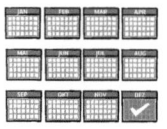

joulukuu
....
diciembre

muodot
formas

ympyrä
....
círculo

neliö
....
cuadrado

suorakulmio
....
rectángulo

kolmio
....
triángulo

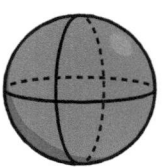

pallo
....
esfera

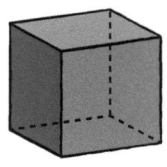

kuutio
....
cubo

valkoinen

blanco

keltainen

amarillo

oranssi

anaranjado

vaaleanpunainen

rosa

punainen

rojo

violetti

lila

sininen

azul

vihreä

verde

ruskea

marrón

harmaa

gris

musta

negro

paljon / vähän

mucho / poco

vihainen / ystävällinen

enojado / calmado

kaunis / ruma

bonito / feo

alku / loppu

comienzo / fin

suuri / pieni

grande / pequeño

vaalea / tumma

claro / oscuro

veli / sisko

hermano / hermana

puhdas / likainen

limpio / sucio

täydellinen / epätäydellinen

completo / incompleto

päivä / yö

día / noche

kuollut / elävä

muerto / vivo

leveä / kapea

ancho / angosto

syötävä / syömäkelvoton

disfrutable / no disfrutable

paha / kiltti

malo / amigable

innostunut / tylsistynyt

excitado / aburrido

lihava / laiha

gordo / delgado

ensimmäinen / viimeinen

primero / último

ystävä / vihollinen

amigo / enemigo

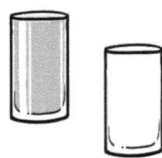

täysi / tyhjä

lleno / vacío

kova / pehmeä

duro / suave

painava / kevyt

pesado / liviano

nälkä / jano

hambre / sed

sairas / terve

enfermo / saludable

laiton / laillinen

ilegal / legal

älykäs / tyhmä

inteligente / tonto

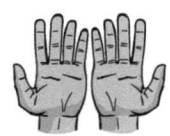

vasen / oikea

izquierda / derecha

lähellä / kaukana

cercano / lejano

uusi / käytetty

nuevo / usado

ei mitään / jotain

nada / algo

vanha / nuori

viejo / joven

päällä / pois päältä

encendido / apagado

auki / kiinni

abierto / cerrado

hiljainen / äänekäs

bajo / fuerte

rikas / köyhä

rico / pobre

oikein / väärin

correcto / incorrecto

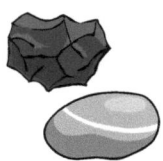

karhea / sileä

áspero / liso

surullinen / iloinen

triste / alegre

lyhyt / pitkä

breve / extenso

hidas / nopea

lento / veloz

märkä / kuiva

mojado / seco

lämmin / viileä

caliente / frío

sota / rauha

guerra / paz

0	**1**	**2**
nolla	yksi	kaksi
cero	uno	dos

3	**4**	**5**
kolme	neljä	viisi
tres	cuatro	cinco

6	**7**	**8**
kuusi	seitsemän	kahdeksan
seis	siete	ocho

9	**10**	**11**
yhdeksän	kymmenen	yksitoista
nueve	diez	once

12
kaksitoista
doce

13
kolmetoista
trece

14
neljätoista
catorce

15
viisitoista
quince

16
kuusitoista
dieciséis

17
seitsemäntoista
diecisiete

18
kahdeksantoista
dieciocho

19
yhdeksäntoista
diecinueve

20
kaksikymmentä
veinte

100
sata
cien

1.000
tuhat
mil

1.000.000
miljoona
millón

englanti

inglés

amerikanenglanti

inglés estadounidense

mandariinikiina

chino mandarín

hindi

hindi

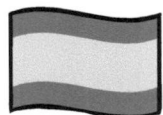

espanja

español

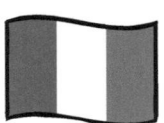

ranska

francés

arabia

árabe

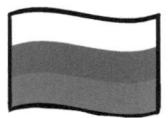

venäjä

ruso

portugali

portugués

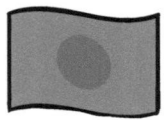

bengali

bengalí

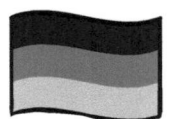

saksa

alemán

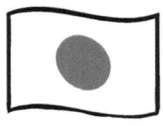

japani

japonés

minä

yo

sinä

tú

hän

él / ella

me

nosotros

te

vosotros

he

ellos

kuka?

¿quién?

mitä / mikä?

¿qué?

miten?

¿cómo?

missä?

¿dónde?

milloin?

¿cuándo?

nimi

nombre

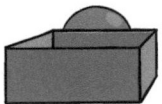

takana
....

detrás

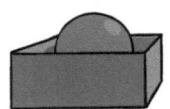

sisällä
....

en

edessä
....

delante de

yläpuolella
....

encima de

päällä
....

sobre

alapuolella
....

debajo de

vieressä
....

junto a

välissä
....

entre

paikka
....

lugar